ANALISI DEL LIBRO

AF137678

La delicatezza

DAVID FOENKINOS

ANALISI DEL LIBRO

Scritto da Marie-Sophie Wauquez
Tradotto da Sara Rossi

La delicatezza

· ·

DAVID FOENKINOS

DAVID FOENKINOS   **5**

Romanziere francese   5

LA DELICATEZZA   **6**

Un'opera ricca di emozioni   6

SINTESI   **7**

Natalie e François   7
Dopo la morte di François   8
Natalie e Markus   9

STUDIO DEI PERSONAGGI   **12**

Natalie   12
François   13
Charles Delamain   14
Markus Lundell   15
La famiglia di Natalie   16
Colleghi di Natalie   17
Il narratore   17

ANALISI   **19**

Una favola moderna   19
Il tema del lutto   20
Differenza percepita come forza   21

ULTERIORI RIFLESSIONI   **23**

Alcune domande su cui riflettere…   23

ULTERIORI LETTURE   **24**

Edizione di riferimento   24
Adattamento   24

DAVID FOENKINOS

ROMANZIERE FRANCESE

- **Luogo e data di nascita: Parigi, 1974.**
- **Opere principali:**
  - *Inversion de l'idiotie* [L'inversione dell'idiozia] (2002), romanzo
  - *Les Cœurs automnes* [Cuori d'autunno] (2006), romanzo
  - *Delicatezza* (2009), romanzo

David Foenkinos è un autore e regista francese nato nel 1974 che ha studiato letteratura alla Sorbona (Parigi). Con le sue opere pubblicate da Gallimard dal 2002 (e poi da altri editori, tra cui Bloomsbury per le traduzioni delle sue opere in inglese), il romanziere ha esplorato diverse modalità espressive, come il teatro, il fumetto e il cinema. Ha vinto numerosi premi letterari e si è occupato degli adattamenti cinematografici delle sue opere (*Delicacy*, 2011), che sono state tradotte in oltre 15 lingue.

Tra le sue opere principali figurano "L'inversione dell'idiozia" (2002), *"Cuori d'autunno"* (2006), "Chi si ricorda di David Foenkinos?" (2007), *"Delicatezza"* (2009) e *"Lennon"* (2010).

LA DELICATEZZA

UN'OPERA RICCA DI EMOZIONI

- **Genere:** romanzo

- **Edizione di riferimento:** Foenkinos, D. (2011) *Delicatezza*. Trans. Benderson, B. Londra: Bloomsbury.

- **Prima edizione:** 2009

- **Temi:** amore, amore a prima vista, dolore, senso di colpa, lavoro, gelosia

Pubblicato per la prima volta da Gallimard nel 2009, *"Delicatezza"* è l'ottavo romanzo di David Foenkinos. Stampato in quasi 100.000 copie, l'opera è stata accolta con entusiasmo dal pubblico e ha ricevuto dieci premi letterari, tra cui il *Prix Conversation* e il *Prix des Dunes*. Descrive le relazioni sentimentali di una donna con tre uomini diversi, tutti affascinati da lei: prima una relazione perfetta (François), poi una relazione non ricambiata (Charles) e, infine, una relazione piuttosto sconcertante (Markus).

Caratterizzata da un carattere leggero, quest'opera è composta da 117 capitoli molto brevi, intervallati da brevi annotazioni, estratti di canzoni o osservazioni varie. È, inoltre, unica nel suo genere perché presenta note a piè di pagina, che forniscono informazioni aggiuntive sulla storia.

SINTESI

Il romanzo non ha altre divisioni oltre ai 117 capitoli che lo compongono. Per motivi di concisione e comprensione, abbiamo deciso di dividere il testo in tre sezioni principali.

NATALIE E FRANÇOIS

François si avvicina a Natalie per strada. Di solito non lo fa, ma sente che Natalie è "quella giusta". Lei accetta di bere qualcosa con lui e si conoscono in un bar dove, inaspettatamente, lei ordina proprio la bevanda che François sperava: un succo di albicocca, la scelta "perfetta" secondo il giovane.

I due vanno subito d'accordo e decidono di sposarsi. La loro vita insieme è semplice e felice, ma si concluderà tragicamente con la morte di François.

Terminati gli studi, Natalie fa domanda di assunzione in un'azienda svedese. Il suo curriculum, e in particolare la sua foto, attraggono immediatamente Charles Delamain, l'amministratore delegato dell'azienda, che la assume con non pochi secondi fini e con il quale avrà in seguito dei problemi.

Una domenica, mentre la giovane donna legge, François esce per la sua corsetta domenicale. Purtroppo, viene investito mentre attraversa la strada. L'ultimo ricordo che Natalie ha di lui è la frase che le ha sussurrato all'orecchio prima di andarsene, ma che lei non ricorda più.

DOPO LA MORTE DI FRANÇOIS

François muore dopo alcuni giorni di coma. Dopo il funerale del marito, Natalie è sconvolta e trascorre molto tempo a casa. Non riesce a smettere di ripensare alla relazione con il marito morto. Charles, il suo capo (e ammiratore segreto) è il suo unico legame con il mondo esterno: viene spesso a trovarla e comincia ad avvicinarsi a lei fisicamente. La convince a tornare presto al lavoro e lei lo fa, tre mesi dopo la morte del marito.

Col passare del tempo, Charles diventa sempre più insistente con Natalie: le offre una promozione (ora sarebbe responsabile di una squadra di sei persone) e la invita a cena. In questa occasione, Charles le confessa il suo amore, ma Natalie rifiuta le sue avances: gli spiega che, francamente, non le piace, soprattutto perché è sposato.

Una parte del romanzo è dedicata alla presentazione della persona che ha investito François: Charlotte Baron, una fioraia. Attraverso questo personaggio viene presentato il tema del senso di colpa.

Natalie si dedica completamente al lavoro per non pensare più alla morte di François e mettere da parte i sensi di colpa: pensa che avrebbe dovuto impedirgli di andare a correre quella domenica. Una sera, accetta di uscire con Chloé, una sua collega che vuole distrarsi, e va in un bar dove viene avvicinata da un uomo. Natalie, che vive ancora nel ricordo di François e non è abituata a incontri di questo tipo, scappa.

NATALIE E MARKUS

Tre anni dopo la morte del marito, Natalie bacia un uomo poco attraente che fa parte della sua squadra al lavoro: Markus. Sebbene per lei non sia altro che un atto istintivo ("Questo bacio era l'espressione di un'improvvisa insurrezione dei suoi neuroni, quello che si potrebbe definire un atto gratuito", p. 78), il bacio è importante per Markus, che è segretamente innamorato di lei, e segna l'inizio di una vera e propria storia d'amore. Markus conosce la giovane donna da quando ha iniziato a lavorare per l'azienda: è stata Natalie a reclutarlo. Si è innamorato di lei al loro primo incontro: "Ora ripensava al modo in cui lei si spingeva le ciocche di capelli dietro l'orecchio. Era quell'azione che lo aveva affascinato" (p. 200). Per Natalie, invece, Markus è solo un "numero" per l'azienda: "Natalie aveva avuto istruzioni di assumere uno svedese. Markus era lì per una questione di quote" (p. 200).

Markus è molto commosso e cerca di capire le ragioni che hanno spinto Natalie a questo gesto, ma né lui né il lettore riescono a trovare una risposta valida. Il giorno dopo, il giovane spera di vedere Natalie per poterle parlare del bacio. Dopo vari tentativi di architettare un "caso fortuito" (p. 141), decide finalmente di andare a incontrare la giovane donna e di baciarla a sua volta.

La loro relazione è insolita e si svolge al contrario rispetto a una relazione tradizionale. Inizia, infatti, con un bacio a cui segue un vero e proprio incontro. Questo incontro è altrettanto sorprendente e confuso per la giovane donna quanto per il suo collega. Una cena, una gita a teatro e un appuntamento in un bar portano i due personaggi a conoscersi gradualmente. Natalie scopre in Markus un uomo divertente e affascinante, che le riserva molte attenzioni (ad esempio, le regala un dispenser di Pez, di cui lei gli aveva parlato). La loro relazione è semplice, ma resa più interessante dall'atteggiamento enigmatico di Markus, che gli conferisce un fascino e una poeticità che lo rendono attraente sia agli occhi di Natalie che del lettore ("Le era piaciuto quel passaggio improvviso al ridicolo. Lasciare il posto al cameriere poteva benissimo essere il modo migliore per metterlo al suo posto. Apprezzò quello che considerava un momento poetico", p. 121). Inoltre, la bontà di Markus contrasta con la personalità di Charles, che viene presentato come un uomo piuttosto irascibile.

La storia d'amore tra Markus e Natalie sorprende i loro colleghi, soprattutto Charles, che fa di tutto per ostacolare la loro relazione. Non appena si accorge che si frequentano, la convoca nel suo ufficio. In un misto di curiosità e gelosia, cerca di capire perché Natalie sia attratta da Markus. Convoca anche un incontro con quest'ultimo e lo invita a cena in un ristorante. Confrontandosi con la personalità originale di Markus, Charles capisce perché alla giovane donna piace così tanto: "E per di più hai un grande senso dell'umorismo. Sei un genio, davvero" (p. 194). Dopo di che, non ha altra scelta che separare geograficamente la coppia: offre a Markus un lavoro fantastico, con l'unico inconveniente che si trova a Stoccolma.

Questo tentativo di separare Markus e Natalie è, però, inutile e provoca una reazione a catena: innanzitutto il giovane rifiuta l'offerta, si dimette e colpisce Charles. Poi si unisce a Natalie, che ha colpito il suo capo e si è dimessa.

La coppia trascorre poi la prima notte insieme. Il capitolo finale descrive una partita a nascondino nel giardino di Madeleine, la nonna della giovane donna. Il giardino in cui Natalie ha trascorso tanti anni da bambina rivela a Markus tutti i suoi segreti. Il loro rapporto diventa più solido e reale in questa condivisione di emozioni resa possibile dal giardino.

STUDIO DEI PERSONAGGI

"Delicatezza" è incentrato su tre coppie che si formano e si separano intorno a una giovane donna. Il romanzo non lascia, quindi, molto spazio agli altri personaggi.

NATALIE

Fin dal primo capitolo, l'autore traccia un ritratto psicologico quasi completo della protagonista. Apprendiamo che è discreta, che le piace ridere e leggere e che non prova mai nostalgia, il che è "qualcosa di piuttosto raro per Natalie" (p. 1), dato che, secondo l'autore, "nelle Natalie c'è spesso una chiara tendenza alla nostalgia" (nota, p. 1).

Vediamo, tuttavia, che Natalie è nostalgica quando condivide un momento di intensi ricordi con il padre mentre tira fuori il dispenser di Pez. Probabilmente è figlia unica (non ci sono indicazioni su eventuali fratelli o sorelle) ed è molto legata alla sua famiglia. Va a trovare i genitori due volte nel romanzo, la prima dopo la morte di François, la seconda dopo che Markus le regala quella che potremmo paragonare alla "madeleine di Proust", un dispenser di Pez che le ricorda la sua infanzia. Anche la nonna normanna, Madeleine, svolge un ruolo importante: Markus e Natalie si recano a casa sua dopo essere fuggiti dalla capitale. È anche lì che si conclude il romanzo.

A Natalie piacciono gli uomini che hanno lievi difetti fisici: "Fisicamente, lui [François] aveva qualcosa che lei apprezzava negli uomini: era un po' strabico" (p. 5). Questo rifiuto della superficialità potrebbe spiegare la sua attrazione per Markus. Inoltre, sembra condividere un potere quasi telepatico con i due uomini che ama (François e Markus). In effetti, molti passaggi del romanzo fanno da eco ad altri, attraverso personaggi diversi: ad esempio, quando Natalie e Markus leggono lo stesso romanzo russo senza rendersene conto. È come se queste due persone fossero destinate a stare insieme, dato che hanno gli stessi gusti e gli stessi pensieri. Qui troviamo una nozione di destino.

Natalie è anche presentata come una donna molto seducente e piena di saggezza: "Lui [Charles] pensava che questa donna sembrasse ragionevole" (p. 17).

FRANÇOIS

In linea di principio sembra piuttosto rigido e non lascia tempo alle fantasie, ma viene anche descritto come un uomo "entusiasta" (p. 8) e affascinante. Lavora nella finanza, ma avrebbe potuto fare qualsiasi lavoro, perché ha "il fascino fastidioso di chi riesce a venderti qualsiasi cosa" (p. 8).

È lui l'artefice dell'incontro con Natalie. Le si avvicina per strada e, sebbene inizialmente sembri piuttosto timido, il narratore chiarisce presto: "Forse lo abbiamo percepito come quasi timido quando incontrava Natalie, ma questo era un uomo pieno di vitalità, pieno di idee e di energia" (p. 8).

I puzzle lo interessano, perché sono un modo per incanalare la sua energia: "Soprattutto, gli piacevano i puzzle. Può sembrare strano, ma niente incanalava la sua intensità più che passare certi sabati a mettere insieme migliaia di pezzi" (pp. 8-9). È in questo modo che chiede a Natalie di sposarlo.

Ben presto muore quando viene investito da un'auto durante la sua corsa domenicale. Dopo la sua morte, il ricordo di François e della loro perfetta, ma breve, relazione permane nella mente di Natalie, soprattutto quando torna nei luoghi significativi del loro tempo insieme. Nel romanzo, ci troviamo di fronte all'idea che tutte le vere passioni debbano finire male: "Alcune persone pensano davvero che la passione sia destinata a finire tragicamente" (p. 59). Attraverso questi personaggi, Foenkinos sottolinea la passione e il destino.

CHARLES DELAMAIN

Charles Delamain è il secondo personaggio maschile che si innamora di Natalie. In questo caso, non c'è un tradizionale incontro romantico, ma un amore a prima vista grazie a una fotografia sul CV di Natalie: "si era fermato al dipartimento delle risorse umane e aveva visto la foto di Natalie sul suo curriculum" (p. 17). Da quel momento in poi, sembra follemente innamorato della giovane donna:

> *"Nel momento in cui aveva visto il suo volto sul curriculum, quando aveva detto: lasciatemi fare il colloquio con lei. Poi era apparsa lei, giovane e sposata, pallida e indecisa, e pochi secondi dopo lui le aveva offerto dei Krisproll. Possibile che si fosse innamorato di una foto?" (p. 169).*

È un uomo importante e sicuro di sé, ma che ha problemi con le donne. A suo avviso, la mancanza di senso dell'umorismo è la sua debolezza, poiché non è mai stato in grado di far ridere le donne. Persino sua moglie sembra incapace di affrontare la situazione e se ne sta fissa davanti alla televisione. La loro vita comoda, ma probabilmente triste ("Laurence non rideva da due anni, tre mesi e diciassette giorni", p. 179) ha avuto la meglio sulla coppia.

MARKUS LUNDELL

Markus è una sorpresa nella vita di Natalie. È il terzo incontro romantico, quello che non è mai avvenuto veramente.

Markus è svedese. È nato a Uppsala, "una città svedese che non interessa a molte persone" (p. 77), un po' come Markus stesso, che vive da solo e non sembra avere molti amici intimi. Inoltre, non ha una storia sentimentale significativa: è stato con due donne, che lo hanno fatto piangere entrambe.

Inoltre, non è particolarmente attraente dal punto di vista fisico:

> "Fisicamente era piuttosto sgradevole, il che non significa che fosse brutto. Il suo modo di vestire era sempre un po' strano: non si capiva se avesse recuperato i suoi abiti dal nonno, da un negozio Emmaus o da un negozio di seconda mano alla moda. Il tutto formava un insieme poco coordinato" (p. 77).

Markus interpreta il ruolo dello sciocco, del clown triste. È un uomo ingenuo e sensibile che non sa cosa fare dei suoi sentimenti, ma è divertente (spesso involontariamente) e intelligente, il che sorprende Natalie.

Il bacio di Natalie rompe la monotonia della sua vita. Sebbene di solito sia puntuale e rigido ("amava tornare a casa esattamente alle sette e un quarto", p. 80), ora vuole "alzarsi e scendere alla prima stazione che capita, così, per darsi la sensazione di deviare dal solito" (p. 80).

Markus è come un doppio di François, con una sensibilità quasi ingenua che lo rende simpatico al lettore e a Natalie.

Anche lui condivide le sue stesse preoccupazioni e i suoi stessi dubbi, quasi per telepatia.

LA FAMIGLIA DI NATALIE

Il romanzo mostra la famiglia di Natalie, presentata come un'unica entità, solo in quattro momenti:

- il suo matrimonio;

- la morte di François;

- la notte in cui Markus le regala il dispenser Pez;

- alla fine del romanzo, a casa della nonna.

La famiglia di Natalie è, quindi, presente nei momenti chiave della sua vita. Sembra, però, che la giovane donna abbia un rapporto difficile con il padre, con il quale fatica a comunicare. Tuttavia, il dispenser Pez permette loro di condividere un momento intenso:

> *"Tirò fuori dalla tasca il dispenser Pez e subito il padre provò la stessa emozione della figlia. Il piccolo oggetto li ha riportati alla stessa estate. All'improvviso, sua figlia aveva otto anni. Si avvicinò al padre e appoggiò delicatamente la testa sulla sua spalla. Tutto l'affetto del passato era nella Pez, tutto quello che era stato dilapidato con il passare del tempo, anche lui, non improvvisamente, ma con calma. [...] Nel Pez c'era l'idea di suo padre, l'uomo verso cui amava correre da bambina, saltando tra le sue braccia, e una volta che lo sentiva contro di sé, poteva pensare al futuro con una sicurezza straordinaria" (p. 156).*

La nonna di Natalie svolge un ruolo importante nell'opera, anche se compare solo verso la fine. Madeleine e il mondo che la circonda (la Normandia, il giardino e la casa) proiettano Natalie nei ricordi della sua infanzia, che condivide con Markus.

COLLEGHI DI NATALIE

Anche loro formano un gruppo generico, ma Chloé si distingue da loro.

Inizialmente Natalie sembra andare d'accordo con Chloé, anche se lei è più giovane della protagonista. Inoltre, sappiamo che "Natalie si sentiva ridicola a stare qui e ad avere questo tipo di discussione con una donna così giovane" (p. 71). Sebbene il loro rapporto non sia reciproco e Chloé sia l'unica ad aprirsi, svolge il ruolo di oracolo; in ogni caso, ha un'influenza inconscia su Natalie. È lei che le insegna l'importanza dell'astrologia e che le dice, a proposito di un uomo al bar: "Scommetto che è uno Scorpione. E visto che tu sei un Pesci, è perfetto" (p. 70). Più tardi scopriremo che Markus è effettivamente uno scorpione.

Molto più tardi, Chloé mette in giro voci nell'azienda, sospettando che Markus e Natalie stiano insieme, il che porta alla distanza tra lei e la protagonista, particolarmente ferita dalle reazioni dei suoi colleghi.

IL NARRATORE

Il narratore è extradiegetico, cioè non è un personaggio della storia. Tuttavia, fa molte apparizioni nel testo, attraverso interventi in corsivo che sono ripetitivi e abbastanza regolari:

> **"I tre romanzi preferiti di Natalie**
>
> Il suo amante *di Albert Cohen*
>
> L'amante *di Marguerite Duras*
>
> Separazione *di Dan Franck" (p. 7).*

Questi interventi si riferiscono sempre alla sezione precedente, rispondendo a una domanda posta da un personaggio (a pagina 79 l'autore risponde alla domanda di Natalie: "Chi può aver inventato il tappeto da parete a parete?", p. 76). Queste annotazioni ci forniscono anche dettagli su alcuni elementi della trama (orari dei treni, testi di canzoni, ecc.), ma, soprattutto, rappresentano l'inserimento del reale nella finzione e danno veridicità alla trama, oltre che ai personaggi e alle loro emozioni. Consentono, quindi, l'empatia e la condivisione delle emozioni.

ANALISI

UNA FAVOLA MODERNA

L'amore sul lavoro è un tema importante nella nostra società, in un'epoca in cui le persone single sono sempre più numerose e le occasioni di incontro sono meno frequenti. Per questo motivo, il posto di lavoro è uno dei luoghi preferiti per incontrare persone. David Foenkinos ci presenta, quindi, dei personaggi ben ancorati alla nostra realtà sociologica, mostrando anche le conseguenze dell'amore sul lavoro: Natalie e Markus sono vittime di pettegolezzi e per loro è difficile iniziare una relazione lontano da occhi indiscreti.

Tuttavia, come se volesse contrastare questa tendenza moderna, l'autore ci offre personaggi stereotipati che vivono in situazioni stereotipate:

- Il motivo dell'amore a prima vista, presente nella letteratura fin dall'antichità, appare chiaramente nell'incontro tra Natalie e François. Nella poesia barocca, ad esempio, ricordiamo Petrarca e il suo incontro con Laura, un vero e proprio "innamoramento", rimasto famoso.

- Per certi versi, il romanzo ricorda anche una fiaba, in cui la principessa (che in questo caso sarebbe Natalie), icona femminile virtuosa, ma triste, si innamora perdutamente di un principe (Markus), al di là delle apparenze, nonostante le opinioni e le derisioni altrui e, soprattutto, nonostante l'intervento malvagio di un altro personaggio (Charles) che cerca di impedire alla coppia di amarsi, ma qui, proprio come nelle favole, non c'è nulla da fare, i due protagonisti sono fatti l'uno per l'altra e nulla può separarli: il loro amore reciproco è puro, quasi ingenuo.

Trattando un argomento moderno con temi tradizionali, Foenkinos ci regala un romanzo molto originale che, dal punto di vista del contenuto, potremmo considerare una fiaba moderna.

IL TEMA DEL LUTTO

L'autore, attraverso uno stile di scrittura che dà molta importanza ai sentimenti, ci presenta una giovane vedova, Natalie, che attraversa le diverse fasi del lutto, tema che diventa centrale. Secondo le ricerche di Elisabeth Kübler-Ross (psichiatra e psicologa americana, 1926-2004), esistono, infatti, cinque stadi, o fasi, del lutto, attraverso i quali passa anche la nostra eroina, almeno in parte:

- negazione: "Per settimane il suo punto di vista si era avvicinato alla follia: negare la morte" (p. 39);

- rabbia e senso di colpa: Natalie si sente bizzarramente in colpa quando pensa al giorno in cui è morto suo marito, sentendo che avrebbe dovuto impedirgli di fare jogging e lasciando che questi pensieri si impadroniscano della sua mente;

- depressione: "Si metteva sul marciapiede e guardava le macchine passare. Perché non uccidersi nello stesso punto? Perché non fondere le tracce del loro sangue in un'ultima, morbosa unione?". (p. 40);

- accettazione: quando Natalie porta Markus alla tomba di François, significa che sta andando avanti e sta dicendo addio al suo primo amore. Natalie va avanti nella sua vita di donna ed è, quindi, pronta a impegnarsi con qualcun altro.

La dottoressa Kübler-Ross cita anche un'altra fase, tra la rabbia e la depressione: la "contrattazione", ma Natalie non sembra sperimentare questa fase.

DIFFERENZA PERCEPITA COME FORZA

"Delicatezza" ritrae un'eroina che non fa le sue scelte in accordo con l'opinione popolare e, più precisamente, è molto tollerante nei confronti di chi non corrisponde ai criteri fisici enfatizzati dalla società, come abbiamo visto in precedenza.

In effetti, Natalie non sembra dare alcuna importanza alle apparenze esterne ed è proprio questo che porta alla sua relazione con Markus, che viene descritto come un uomo dall'aspetto fisico poco attraente. Il fatto che l'autore ce lo presenti attraverso lo sguardo di altre persone, più precisamente attraverso gli occhi dei suoi colleghi di lavoro, mette ulteriormente in evidenza la sua mancanza di bellezza fisica e lo fa apparire come un personaggio del tutto ripugnante, soprattutto per quelli come Charles.

In realtà, quest'uomo trae la sua forza dalla semplicità e dalla delicatezza con cui concepisce la sua vita e le sue relazioni con gli altri. Al di là dell'aspetto fisico, Markus viene presentato come un uomo divertente, dolce e sensibile e questo sembra essere certamente l'aspetto più importante: "C'era qualcosa di molto dolce e tranquillamente commovente in Markus, un misto di una specie di forza che rassicurava e di una debolezza che scioglieva il cuore" (pp. 101-102). Sono quindi le sue qualità morali a dargli il vero potere, molto più grande di quello di Charles, che è bello ma manca di bontà: "Ora, è vero, tu sei gentile... si vede... nel tuo modo di guardarmi... non giudichi... capisco tutto... capisco tutto, ora [...]. Più ti vedo, più capisco tutto quello che non sono" (p. 193). E poco dopo: "E per di più hai un grande senso dell'umorismo. Lei è un genio, davvero. C'è stato Marx, c'è stato Einstein e ora c'è lei", dice Charles.

Nel romanzo, quindi, non solo la differenza è percepita come un punto di forza, ma viene condannata l'ossessione della società per l'apparenza: è quello che c'è dentro che conta, non l'aspetto fisico delle persone.

ULTERIORI RIFLESSIONI

ALCUNE DOMANDE SU CUI RIFLETTERE...

- Analizzate il tema del bacio in quest'opera, nonché le rappresentazioni letterarie e artistiche che sembrano esservi collegate.

- Analizzate il primo e l'ultimo capitolo. In che misura sono simili?

- Molti passaggi funzionano come specchi tra i personaggi. In che misura possono essere sintomatici del destino romantico?

- Quanto gli interventi del narratore nel romanzo ricordano lo stile di scrittura di un diario personale?

- Spiegate il titolo del romanzo.

- In che misura possiamo descrivere questo romanzo come una "favola moderna"?

- Quest'opera è stata adattata per il cinema dallo stesso David Foenkinos insieme al fratello Stéphane. Confrontate il libro con il film.

ULTERIORI LETTURE

EDIZIONE DI RIFERIMENTO

Foenkinos, D. (2011) *Delicatezza*. Trans. Benderson, B. Londra:
Bloomsbury.

ADATTAMENTO

Delicatezza. (2011) [Film]. David Foenkinos e Stéphane
Foenkinos. Dir. Parigi: 2. 4. 7. Film.

Vogliamo sapere da voi!
Lasciate un commento sulla vostra biblioteca online
e condividete i vostri libri preferiti sui social media!

www.50minutes.com

Master ISBN: 9782808690690
ISBN cartaceo: 9782808612098
Deposito legale: D/2023/12603/1489

Copertura: © Primento

Concezione digitale a cura di Primento, il partner digitale degli editori.